JN220113

鉢《はち》の木《き》ものがたり

絵・文　小板橋　武

随想舎

ある、雪《ゆき》のふるばんの
ことでした。
ひとりのおぼうさんが、
山《やま》あいの道《みち》を、
とぼとぼと
歩《ある》いていました。

おぼうさんは、
とてもつかれている
ようすでした。

このおぼうさん
じつは、
その時《とき》の執権《しっけん》、
北条《ほうじょう》 時頼《ときより》だったのです。
時頼《ときより》は、
人々《ひとびと》のくらしのようすを
調《しら》べるために、
全国《ぜんこく》を回《まわ》り
歩《ある》いていたのでした。

（執権《しっけん》――鎌倉時代《かまくらじだい》政治《せいじ》の実権《じっけん》をにぎっていた人《ひと》）

だんだん
日《ひ》がくれてきました。
おぼうさんは、
こんばんとまるやどを
さがしていました。

「あそこにあかりが見《み》える
あの家《いえ》に行《い》ってたのんでみよう」

「こんばんは、
旅《たび》のぼうずですが、
こんばんとまるやどを
さがしています。
どうか、こんばんひとばんだけ、
とめてもらえないでしょうか」
「うちは、こんなびんぼうやで
なにもできませんが、
それでもよかったら、
どうぞとまってくだされ」
こう言《い》って、
その家《いえ》の人《ひと》は、
おぼうさんを
とめてあげることにしました。
その人《ひと》は、
佐野源左衛門常世《さのげんざえもんつねよ》という人《ひと》でした。

源左衛門《げんざえもん》は、
おぼうさんに、
あたたかい
あわのごはんを
食《た》べさせて
あげました。

そのうちに、
いろりのまきが、
だんだんもえつきて、
火《ひ》がきえそうになりました。
すると、
源左衛門《げんざえもん》は、
ぼんさいの木《き》をもってきて、
それを、いろりに
もやそうとしました。
おぼうさんは、
「やめてください。
そんなたいせつなものを
もやさないでください」
と言《い》って、とめようとしました。

それでも、
源左衛門《げんざえもん》は
ぼんさいの木《き》をもやして、
おぼうさんを
あたたかくしてあげたのでした。

それから、
源左衛門《げんざえもん》は話《はな》しはじめました。
「じつは、
私《わたし》は、この土地《とち》を
おさめていた領主《りょうしゅ》だったのです。
しかし、ある時《とき》、
悪《わる》いけらいにだまされて、
土地《とち》をとられてしまったのです。
そして、こんなまずしいくらしをしているのです。
でも、もし、鎌倉幕府《かまくらばくふ》に事変《じへん》がおきたときには、
だれよりも早《はや》く鎌倉《かまくら》へかけつけるつもりです」
と、言《い》いました。

それから何年《なんねん》かたって、
じっさいに、鎌倉《かまくら》に
事変《じへん》がおきました。
源左衛門《げんざえもん》は馬《うま》にのって
鎌倉《かまくら》へかけつけました。

源左衛門《げんざえもん》が鎌倉《かまくら》に着《つ》くと、
時頼《ときより》が源左衛門《げんざえもん》を呼《よ》んで、
こう言《い》いました。
「源左衛門《げんざえもん》、よく来《き》てくれたな」
源左衛門《げんざえもん》は、時頼《ときより》の顔《かお》を見《み》て
はっと、おどろきました。
源左衛門《げんざえもん》は、あの時《とき》のおぼうさんが、
実《じつ》は、執権《しっけん》、北条時頼《ほうじょうときより》だったことを
この時《とき》はじめて知《し》ったのでした。

それからまもなく、
事変《じへん》はおさまりました。
時頼《ときより》は、源左衛門《げんざえもん》を
ほめたたえました。
時頼《ときより》は、
もとの領地《りょうち》をとりもどし、
源左衛門《げんざえもん》にあたえました。
源左衛門《げんざえもん》は、
また、領主《りょうしゅ》として、
この土地《とち》をおさめることが
できたのでした。

あとがき

以前、私は、旧葛生町（現佐野市）にある佐野源左衛門常世屋敷跡を見学したことがありました。

これを見て、「鉢の木」の話は本当にあったことなのだと思いました。

また、なんと美しい話なのだろうと思いました。こんな美しい話は、佐野市の宝物であると同時に、栃木県の宝物であると思いました。

しかし、こんな美しい話を知らない人も多いのです。

そこで、多くの人に、この話を知ってもらうためにこの本を作りました。

この本を作るにあたっては、栃木県連合教育会編「しもつけの伝説第六集」「鉢の木物語」を参考にさせていただきました。

[著者紹介]

小板橋　武(こいたばし　たけし)

1936年 神奈川県に生まれる。
1997年 小学校教員退職。
2006年 およそ10年をかけて全国の文化財を訪ね歩き、『これだけは見ておきたい各県一か所の旅』を出版。
2007年 随想舎から『宇都宮大空襲　一少女の記録』を出版。
2009年 随想舎から『戦時下の女学生たち』を出版。
2010年 随想舎から『少年とハト』を出版。
2011年 随想舎から『安善寺物語』を出版。
2012年 随想舎から『孝子桜』を出版。
2014年 随想舎から『栃木の宝物50選』を出版。

鉢《はち》の木《き》ものがたり

2018年12月25日　第1刷発行

絵・文 ● 小板橋　武

発　行 ● 有限会社 随 想 舎　〒320-0033　栃木県宇都宮市本町 10-3 TSビル
TEL　028-616-6605　FAX　028-616-6607
振替　00360 − 0 − 36984
URL　http://www.zuisousha.co.jp/
E-Mail　info@zuisousha.co.jp

印　刷 ● 晃南印刷株式会社

装丁 ● 内田裕之

定価は裏表紙に表示してあります／乱丁・落丁はお取りかえいたします

Koitabashi Takeshi 2018　Printed in Japan
ISBN978-4-88748-364-4